片づけの力

私たちは、もっと美しくなれる、
部屋も、心も、人生も。

整理収納アドバイザー
Fujinao

はじめに

「私、片づけができないんです」。

そう、疲れた顔で出迎えてくれたお客様。


モノがめちゃくちゃに押し込められているキッチン。

お鍋が入っている引き出しの前にはゴミ箱。

「いちいちゴミ箱をよけてお鍋を取り出すのがおっくうで…」。

そんな小さなストレスが積み重なったキッチンには立つ気にもなれず、もう何年も炊飯器すら使っていない状態だそう。


それでも「受験を控えている息子に、ちゃんと栄養のあるものを食べさせたい。私は、母として食事の面からサポートしたい」と決意をされたお客様。

整理収納アドバイザーである私と一緒に片づけに挑みます。


棚から出てくる大量の期限切れ調味料、使っていない食器・調理器具を手放しました。

本当に必要な道具だけがゆとりを持って収まったキッチンには、お客様のやる気をさえぎるモノはもうありません。

その日のうちにスーパーに行き、調味料や食材を買い直したお客様。

数年ぶりに作った、手作りの夕食。

明るい笑顔で出迎えてくれた奥様の姿と温かな夕食に、ご家族も涙を流しながら団らんの時間を過ごされたそうです。


モノは、時として人の気力と自信を奪い、家族との貴重な時間や自由に動ける空間を削っていきます。

片づけはそれを取り戻す作業です。


さぁ、あなたも片づけで自分の毎日を変えてみませんか。

部屋の景色が変われば人生が変わります。

本書があなたの人生と生活の質を向上させる後押しになれば幸いです。

整理収納アドバイザー　Fujinao

片づけの力

私たちは、もっと美しくなれる、部屋も、心も、人生も。

Chapter 2

片づけの技術

Column

Select Goods

アートディレクション 藤村雅史（藤村雅史デザイン事務所）
デザイン 石﨑麻美（藤村雅史デザイン事務所）
撮影 原田教生（カバー、帯、P 1～60、62 ～75、77 ～92、96 ～98、104 ～106、128）
Fujinao（P61 、76 、93 ～95、99 ～103、107 ～127）
校正 新居智子 根津桂子
編集協力 ツルタシゲタカ（Happy）

Chapter

1

片づけの言葉

片づけは、ノウハウではありません。
あなたがどんな暮らしがしたいか、を考えることです。
そして家の中にあるモノと向き合うことです。
すると、自然にモノが減りはじめます。
そんなきっかけづくりを言葉に託しました。
あなたに素晴らしい人生が続きますように。

未来は変えられる。
今日からでも。

いま、変わらなければ。

長い間悩み続けた「片づけ」という問題。
忙しいから、明日やろう、
こんどの週末にしよう。
そんなふうにごまかしてきた。
いま、踏み出さなければ
結局3ヶ月後の自分も同じ自分のまま。

でも一歩踏み出せば、未来は、変わる。
3ヶ月後のあなたは、
どうなっていたいですか。

病名、「私にはもったいない病」。

真っ白いふわふわのタオル。
使うのがもったいなくて
自分用にはいつも粗品のタオル。
友達がくれた北欧柄の素敵な布巾も、
もったいなくて使えずに棚の中。
「割れちゃうと悲しいから」、
自分用には使えないティーカップ。
自分には、もったいない。
いつか来る「特別な日」のために。
でも、それは間違い。
本当に大切なのは、かけがえのない日常。
いつか来る日よりも、今日を大事に。

部屋の景色が変われば、人生が変わる。

眼精疲労解消に、眼科で
遠くを見つめることをすすめられた。
のんびり大空を眺めていると目が休まる。
そして、とてもいい気分転換になる。

「部屋の景色が変われば
気持ちも変わるんですよ」
という言葉を思い出した。

探しものさえ見つからない散らかった部屋で
イライラして過ごすのと
キレイに片づいた部屋で
大らかに過ごすのとでは、
きっと、これからの人生が変わってくる。

私、こんな暮らしがしたかったわけじゃない…。

知らないうちに日常にモノが多くなって、
理想の生活とはどんどんかけ離れていく。
そんな人は少なくない。
いつかどこかで、リセットしないと、
という思いがめぐったら、
ためらわないで、モノを処分して。
心のモヤモヤを口に出すと、
スッキリすることがあるように。
モノも、気持ちも、
ため込まないで思い切って解放しましょう。

自分の機嫌は自分でとる。

マイナスな気持ちになる情報には触れない。
義務感を抱く人付き合いはやめる。
視界に入る不快なモノは手放す。
そうしたら、部屋の景色は変わり、
付き合う人たちが変わり、心が軽くなった。
手放すことで得られた、前向きな変化。
モノも情報もあふれている時代だから、
手放すことを積極的に選択する。
自分の機嫌は自分でとるために。

散らかった家にいると自尊心までどこかに行ってしまう。

キレイに掃除ができていない部屋にいると
「自分はダメ人間かも」
という気持ちが大きくなる。
自尊心がなくなり、気分が下がり、
やる気がなくなる。
そして、自分を大切にできなくなる。
長い人生、それはもったいない。
モノが多すぎるなら、捨てた方がいい。
モノがジャマなら、なくしてしまえばいい。
モノより大切なのは、あなたの心。
片づけは単なる「整理」だけじゃなくて
人生や、生き方にまでつながっている。

「おもてなし」が一番必要なのは、本当は自分自身。

本当は、誰よりも頑張っている
あなた自身をおもてなししなければ。
キレイに片づいた部屋で
ホッと一息ついて欲しい。
「使っていないモノを手放しはじめたら、
部屋の景色が変わって、心が満たされた。
自分を大切にすることは、
こんなに幸せなことだったんだな」と、
うなずけるように。

モノより自分。
片づけは、自分自身をもてなすことの
大切さを教えてくれる。

合わない人とは付き合わない。

人間関係に胃をキリキリさせていませんか。
「合わない人とは
無理して付き合わなくてもいい。
友人でも親戚でも親でも」。
そう考え、付き合いをやめると、
人生が楽になります。

片づけも同じ。
「使いにくい」「もう趣味じゃない」。
そんなふうに相性が
合わなくなったモノとは付き合わない。
人間関係も、モノも
「付き合うかどうか」、
その選択肢は、
あなたの手の中にあるんです。

自分以外の人がみんな完璧に見える。

扉を開けたら、白で統一されたモノが詰まった
完璧に美しい収納。
それは素敵だけれど「完璧」は崩れやすい。
そのメンテナンスを楽しいと
思えるなら楽しめばいい。
「面倒だな」と思うなら
ゆとりのある収納をめざせばいい。
たぶん完璧な人なんてそうそういない。
完璧かどうか、は問題じゃないし、
他人に決められるものじゃない。
毎日笑顔でいるあなたが一番。
あなたが楽しめるやり方でいい。

私たちは、「〇〇すべき」に縛られている。

早起きして、ちゃんと朝食を用意すべき。
できあいの惣菜は塩分や添加物が多いから
手作りすべき。
母親らしい格好をすべき。
子供にはいつも笑顔で対応すべき。
壊れていないモノは使い続けるべき。
部屋はいつもキレイに保つべき。

毎日の暮らしのハードル、高すぎませんか。

「よそはよそ、ウチはウチ」。
幼い頃、母に言われた言葉。
人それぞれ、得手、不得手があるから
いろいろな選択肢があっていいんです。

私は母親だけど、それが私のすべてじゃない。

子育ては楽しい、でも疲れる。
子供が眠った後でも、
子供が散らかしたおもちゃを拾い上げ、
子供の食器を洗い、子供の洗濯ものをたたむ。
そうしながらも母親モードから、
自分モードに戻るとき、
スッキリと片づいた部屋なら
心が休まり、優しい幸せな気分になれる。
ほんのひとときだけど、
自分を取り戻せる。
こんな自由な時間を持てるから、
また頑張れる。

自分が元気になることは、どんどんやったらいいんだよ。

色も、大きさもバラバラの収納バスケット。
壊れていないけれど、
ずっと色が好きじゃなかったタンブラー。
黄ばんだ保存容器。
1つしかない、ペアグラス。
好きじゃない、ウキウキしないモノたち。
処分して買い替えようかと悩むときに、
頭をなでてくれるのは、
「自分が元気になることは、
どんどんやったらいいんだよ」の言葉。
それを手放して、
あなたの気分が上向きになるなら、
それだけで処分する価値がある。

家庭内で逆風の嵐。でも必ず家族晴れの好天に変わります。

「えっ、捨てちゃうの？　もったいない」
「片づけってめんどくさいなぁ」など
家族が非協力的だったり反対されたり。
そんな向かい風が吹くこともあるでしょう。
「なんで？」と泣きたくなりますよね。
でも、大丈夫。
あなたの思いと努力は、
いつか必ず伝わるはず。
まずは、自分の周りの整理から徐々に。
だんだん整っていく部屋を見て、
「気持ちいいね」
「片づけって大切だね、
ありがとう、手伝うよ」と
感謝してくれますから。
明日天気になあれ。

Column

ONとOFF。一日の中で、にぎやかさとくつろぎを楽しめる。

まだ変声期前の「おはよう〜！」という甲高い2人の声が同時に響くと朝の戦闘が開始される。さっきまでまだ眠そうに目をこすっていたのに、もうパジャマを脱ぎ捨て、パンツ一丁でソファーでジャンプしながら、靴下を投げっこする息子たち。「やめなさい」「あぶない」「早く着替えて」「いい加減にしなさい」。ここ数年毎朝、この呪文を繰り返しながら私の頭にちっちゃなツノが生える。しかしながら、本当に小学生男子って、テンションが高すぎるというか、パワーが有り余っているというか、やることなすことが予想外に面白くて、彼らを客観的に眺めながら「いいなぁ、こいつら」と笑ってしまっている私もいる。

「いってきま〜す！」。そんなリトルハリケーンが過ぎ去ると、突然静寂の時間が訪れる。喧騒の余韻を確かめるように、床に脱ぎ捨てられたパジャマを拾い、朝食の食器を食洗機に収めると、そこは別世界になる。

私が「片づけ」をしていて本当によかったと思う瞬間でもある。

もしも子供たちが学校へ出かけたあと、家の中にモノがあふれていたら…。その片づけをしなきゃいけないという責任感は、とても大きなストレスに変わると思う。だって毎日毎日、そんな作業を続ける自信はないから。モノが少なくて、ササッとキレイに片づきやすい家にできたおかげだと自負しているし、自分で「自分の時間」を作ることができていることをとても誇らしくうれしく思っている。

一日のうちで、子供たちが元気に飛びまわってくれるONの時間は「母親モード」。

所詮は子供だから、遊んでいればそれなりに散らかる。リビングにはゲームやマンガやお菓子が散乱。時にはちょっぴりガミガミと口うるさくもなるけど、生まれた時から2人とも「片づけ」が当たり前の家だったから、遊び終わったとき、就寝前にはちゃんと使ったモノを定位置に戻すこともいやがらずにやってくれる。そんな可愛い息子たちと触れ合う時間は、とても貴重でとても幸せだ。

他方で、OFFというか「自分の時間」というか、例えば、のんびりと好きな読書にひたりながら「私モード」になれる静かで自由なひとときも必要だと思っている。大声を出すわけではないが、知らず知らずに粉雪のようにうっすらと降り積もったストレスを、スーッと溶かしていけるような精神浄化のタイミングもほしいと願っている。

そうした、ONとOFFを一日の中でも取り入れながら、これからもメリハリのある、楽しくて気持ちのいい暮らしを続けていきたい。

「ただいま〜!」。書籍の原稿や仕事の依頼内容をまとめていると、あっという間に戦闘再開。

「お腹すいた」「宿題する」「ゲームしたい」「お風呂入る」「おやすみ」。

「ふ〜、本日もなんだかんだ、にぎやかで大変だった」。ただこうした豆台風の後にシュポッとロング缶を開けながら、今日一日を振り返るひとときが、心からくつろげる幸福な時間でもある。

深呼吸だって、「吐き出す」ことから始まる。

正しい深呼吸って、
最初は息を全部吐き出して、
肺の中を空っぽにしてから、
ゆっくり鼻から吸い込むのだそう。
吐かずに吸って、吸ってばかりになると
きちんと呼吸ができずに倒れてしまいます。
大切なのはちゃんと「排出」すること。
片づけも一緒です。
最初に「排出」しないと、
いびつな空間を埋めるパズルになります。
買って、買って、買って。
これが先行すると、部屋の中がパニックに。
まずは「排出」することに意識を向けて。

余白がないと、息苦しい。

多忙で、仕事に追われる日々が続けば、
誰だって心に余裕がなくなる。
時間やスケジュールに、余白は大切。
また、人には心理的縄張りと言われる
パーソナルスペースがある。
家の中をモノに占領されると、
人やモノとの距離が近くなりすぎて、
たとえ家族といえども、
ストレスを感じてしまう。

時間にも、空間にも余白は必要。
モノをため込んで
余白のない生活をするより、
ゆったりした空間で、
穏やかな時間を過ごす方が、
ずっと価値がある。

「モノ」は私たちから、時間も、お金も、労力も奪っていく。

行く手をはばむ洗濯カゴ、
置きっぱなしのバッグ、
読みかけで放置されている雑誌。
モノたちは時に、人の動線をジャマし、
掃除に時間をかけさせ、気力と労力を奪い、
そしてお金も奪っていく。
だから、もう役に立っていないモノには
「今までありがとう」と感謝を告げて
別れましょう。
お金も、時間も、労力も、
「不要なモノ」と引き換えにするには
あまりにももったいない。

例えば今日、ペンを1本捨てたとして、それで、明日からの人生が劇的に変わるわけじゃない。

それでも…

「ムダを手放そう」

「適当に選ぶクセを直そう」

「自分の気持ちに素直になろう」

「セールに飛びつくのをやめよう」

「失敗したから、次は慎重に買い物をしよう」

「本当に、使いやすいモノを選ぼう」。

そうした反省は、自分の力になる。

確実に、未来を変えていく。

たかが「ペン1本」。

されど「ペン1本」。

その1本の「捨てる」は、
あなたの人生を確実に変えていく。

まずは最初の一歩から、いや1本から。

「いつか何かに使えるかも」の「いつか」は、たぶん来ない。

有名ブランドのショッピングバッグ、
お菓子の化粧箱、
商品のキレイな包装紙や
丈夫なビニール袋など、
「捨てるのはもったいない」
「いつか何かに使えるかも」って
ついついため込んでしまっている。
しまい込んで、その存在すら忘れてる。

「いつか何かに使えるかも」という
「いつか」はたぶん来ません。
手にした瞬間に使い道が
思いつかないなら、
すぐに手放すように。
これを習慣づけることが大切です。

「もう、これ以上付き合えない」。そう諦めたら部屋が片づいた。

炊事、洗濯、掃除。
家事に追われている私を
遠くから見つめているのは
何年も使っていない
曇ったシャンパングラス。
「ごめんね。もう、あなたの
お世話まで手が回らない」。
そう諦めて不要なモノを手放したら、
収納に余裕ができた。
家が片づき、掃除も楽になった。

出し入れしやすいモノたちは
いつも使ってもらい、どこか誇らしげ。
余計なモノであふれていた頃より、
ずっとモノと仲良く暮らしている。

自分に似合う服だけを着る。

「モデルにだって着こなせない服がある。
素人がいろんな服を着こなすなんて無理。
似合う服だけを着よう」。
これが一番のおしゃれ。
そう思うようになったら、
着ない服はどんどん手放し、
クローゼットもスカスカになり、
かえって服を選びやすくなり、
「いつもおしゃれですね」と
ほめてもらえるように。
おしゃれは「たくさん持つ」ではなく、
「自分に似合う服を選ぶ」こと。
似合わない服＝着ない服とは、サヨナラです。

余計なノイズがない、幸せ。

家で仕事をする際、
モノがゴチャゴチャとしていると
やはり集中力は落ちます。
モノはノイズ。
物事に集中したいなら、
余計なノイズはない方がいい。
モノに行動をジャマされない
幸せを堪能しましょう。
「家の中は落ち着かないから
カフェに行って仕事をしています」なんて、
もう、卒業しましょう。

「こまめな掃除」。これに勝てる裏ワザはないから…。

「冷蔵庫の上にラップを敷いちゃう」
「お風呂場のドア付近はマステでカバー」。
汚れ防止の裏ワザはいろいろありますが、
掃除を劇的に楽にする効果があったのは、
部屋にモノが出ていない状態を心がけること。
これが一番。
余計なモノが出ていなければ、
掃除はサッと終わる。
簡単に終わるから、こまめにできる。
家事の手間を減らしたければ、
モノを減らすのが一番の近道です。

「減らす」は家事の一つ。

据え置きの大きな食洗機がなくなると
キッチンがとても広く感じられるように。
モノが減ると家の中は広々として、
管理も掃除もしやすい。
身動きが取りにくい空間の中にいては
何をするにも上手くいかない。
だから「減らす」はとても大切な家事。
また、どこに何があるのかわからない状態では、
作業効率が落ちてしまう。
だからモノを減らしたら、
次はジャンルで分けて、
モノの定位置を決める。
片づけをするならこの順番に。

もう、モノの海には溺れない。

食器も洋服も、たくさん種類を揃えて
シーン毎に使い分けたら、きっと、楽しい…。
でも、実際にモノがたくさん増えたら、
全然、使いこなせない。
何がどこにあるのか、
把握もできなくなった。
そんな、モノの海に溺れて苦しくなったら、
手放すことを始めましょう。
残すのは、手に取ってワクワクできるモノを、
ちゃんと管理できる分だけ。
大切なのはモノの量や
バリエーションではなく、
自分や家族が気持ちよく暮らせること。

Column

いまの片づけ方になるまで。

わが家はゆるゆる。

「何にもない家」、わが家は一見すると誰しもがそんな印象を持つようだ。飾りもほとんどないので、その辺のモデルハウスよりも生活感がないかもしれない。なぜ、こんな生活スタイルになったのかというと、要因は大きく分けて2つ。

1つは子供が生まれたこと。乳幼児期の息子たちを家の中で安心して自由に遊ばせてあげたい。そのためにはモノが出ているのが危険だ、ということでモノの定位置をすべて収納の中に決めた。結果、「何も出ていないと掃除が楽！」「見せない収納はインテリアのセンスがいらない！」「何も出ていない、という片づけのゴールが子供にも分かりやすい」という思わぬ副産物を得ることができ、子供たちが小学生になったいまもモノを外に出さない収納生活を続けられている。

もう1つは整理収納アドバイザーの資格を取ったこと。実は、私は昔から詰め込み収納が得意なタイプ。たくさんのモノを空間内にキッチリと収めることに喜びを覚えていた。いま考えると大量の死蔵品を収納内にため込んでいた。まるでテトリスのように、いかに空間を無駄にせず、いびつな形のモノでも上手に詰め込むか。それが収納の極意だと思って。

なので「整理収納アドバイザー」という資格を目にした時、「これなら私にもできそう」と思い、２０１４年の暮れに2級の講座を受講。しかしながら、そこには自分が思い描いていた収納とはまったく別の思想が…。

「モノをたくさん詰め込めることがいいのではない。大切なのはモノと良好な関係を築くこと」という講義に、想定外の大きな衝撃を受け、私の中で何かが変わりはじめた。

それからはひたすらモノと向き合い、本当に必要なモノと不要なモノを選別して、手放しが続く日々。フリマアプリやリサイクルショップも利用しながら、大量のゴミ袋を出す作業は数ヶ月続いた。家の中を一通り終わらせても、もう一巡するとやっぱりまだ不要なモノが出てきた。しかし、最初は手放せなかったモノが2回目、３回目の片づけで「手放そう」と気持ちにケリがついたり。

そんな「モノと向き合う作業」をしていく中で段々と自分の価値感が「自分＜モノ」から「モノ＜自分」に変わっていった。モノは自分と家族の生活を便利に楽しくしてくれる大切なパートナー。だからこそ、ちゃんと使おう。ちゃんと使って無事に役目を果たしてくれたら感謝して手放そう、と考えられるようになった。まだまだ、モノの取捨選択を試行錯誤しながらではあったけれど。

そこから整理収納アドバイザー1級の取得や転勤に伴う引っ越しを経て、現在の暮らしに落ち着いている。

いまはこの家のサイズに合ったモノの持ち方を基本にしている。だからひょっとしたら他の家にはあっても、わが家にはないモノがいっぱいあると思う。例えば、小学生になった2人の息子たち。彼らには個室はあるけれども、どちらにも学習机がない。まだ小学生が自分一人で勉強に集中するのはちょっと難しいのではと考え、親の目の届くキッチンから続くダイニングテーブルで宿題などに取り組ませている。いずれ中学生になったり、進学を考える段階で自室に机が必要になった場合には購入を検討しようと思う。それまでは一人ひとりが広々としたスペースでこの家の暮らしを思う存分楽しんでほしいから。

同様に、彼らが生まれたときに周囲から「五月人形」をお祝いに贈ってもらいそうになったけれど、当時住んでいた家の空間と収納場所を考えて丁重にお断りした。クリスマスツリーだって、わが家では素敵な布製のタペストリー。しまうのに場所をとらないので。

「そんなにモノがなくてどうやって暮らしているんですか？」と訊かれると「ちゃんとモノはありますよ。必要な分だけですが、全部しまってあるんですよ」と答える。テトリスのようだった昔とは真逆の、ゆるゆる収納の中に。

整理収納アドバイザー冥利につきる。

「片づけ」をはじめて、私自身の考え方も生活も大きく変わっていったが、整理収納アドバイザーとして活動していく中でうれしい出来事がいくつかあったので紹介したい。

「ダイニングテーブルの上にはいろんなモノがごちゃごちゃ。ご飯を食べるにも

まずモノをよけてから。で、テーブルの隅にはよけたモノが山積みで、掃除もできない。本当はすっきりと片づけて勉強したいことがあるのですが、家事や育児に追われてそれどころではないんです」と悩んでいるお客様がいた。

「大丈夫、『いる』『いらない』の判断が自分でできるように私が伴走しますので、ゆっくりでいいですから仕分けをはじめましょう」とアドバイスをすると、あっという間にモノが消え去り、お客様も満面の笑みに。

後日、「おかげさまでテーブルの上には何もありません。ただ、私が今度取得をめざす宅建の教科書をいっぱい広げている時間が多くなりましたが」と。

また、こんな依頼も。「夫は『超』がつくほどのキレイ好き。ズボラな自分に代わって、毎週末、家の中を大掃除してくれます。助かっていますが、せっかくの休日が片づけでつぶれてしまい、申し訳ないというプレッシャーに苛まれています」。

「どうか自分を責めないでください。平日にまた散らかってしまうのは全体を把握できるシステムができていないからかもしれませんね。出したモノを元に戻す。それが億劫でない空間を作ればいいだけですから」とレッスンをはじめると…。

「週末、片づけをしなくてもいいので、夫と一緒に散歩に出かけました。こういう生活、本当に夢でした」とうれしい後日談をいただくまでに。

まさに整理収納アドバイザー冥利につきる。こんなふうに一人でも多くの人が片づけで笑顔になってほしい。理想の暮らしを手に入れてほしいと願っている。

欲しい理由が値段なら やめておけ。 諦める理由が値段なら買え。

鞄の問屋で激安セール。
「めっちゃ安い」と値段だけで買っても、
結局2〜3回使ってお蔵入り。
かたや「ちょっと高いけど、
すごく気に入った」と購入した
とあるエコバッグ。
日々の必須アイテムとして大活躍中。
「欲しい理由が値段ならやめておけ。
諦める理由が値段なら買え」
という言葉があります。
プチプラなお得感に釣られて買っても
ただただモノが増える結果に。
「安物買いの銭失い」にご用心。

「大切にしたモノが残る」と聞いて。

可愛いティーセットも、
高かったブランドバッグも、
素敵なワンピースも、大切にとっていた。
大切に、大切に。使うのは「特別な日」だけ。
でも、いま、もしも自分が死んだら…
ティーセットも、ブランドバッグもワンピースも、
「ちゃんと使った」という経験は、残らない。
大切にすべきは、経験という思い出。
だから大切なモノこそ、
どんどん使いましょう。
何ものにも変えられない、素晴らしい経験を
あなたの人生に刻むように。

「まだ使える」と「まだ使いたい」は別モノ。

モノを手放す判断の一つが
「まだ使いたい」と思っているかどうか。
例えば、洋服。
「まだ着たい」と思える服は残せばいい。
でも、「まだ着られる」というだけの服ならば、
なくてもきっと問題ない。
「まだ使える」と「まだ使いたい」。
似ているけれど、モノへの思いが決定的に違う。
身の回りを「まだ使いたいモノ」ばかりに
絞れば本当に必要なモノだけが残ります。
すると余計な買い物も減り、
家の中がスッキリ片づいていきます。

問題は、「手が伸びる服」が何枚あるか。

タンスやクローゼットには
どれくらいの服がありますか。
ただ「持ってる」だけで、
何年も着ていない服も多いのでは。
貴重なスペースを使ってまで
「持ってる」意味はあるでしょうか。
「手が伸びる服」だけを残せば、
きっとクローゼットの衣替えも
不要になります。
たぶん特に困ることもないと思います。
捨てたのは、所詮、着ていない服だったから。
大切なのは、服の数じゃなくて
「手が伸びる服」が何枚あるかを把握すること。

洋服を選ぶ時、私たちは少し先の未来を選択している。

私が毎日ワンピースを身にまとうのは、
「いい姿勢で生活したい」という願望があり、
毎日シャンとして歩くその先に、
素敵に年齢を重ねた
おばあちゃんがいて欲しいから。
部屋の景色や身につける服、
日々接する情報によって
人は少しずつ影響を受け、
顔つきや姿勢が変わり、
最終的には大きく人生が左右される。
身につける洋服一枚でも、きっと未来は変わる。
さて、あなたは、
どんな未来を手に入れたいですか。

「すぐに買わない」クセがついた。

例えば、読書灯が欲しいと思っても、
まずは何かで代用できないかと
家にあるいろいろなライトで試してみたり。
代替品がないとわかると、
形や機能、収納法など、購入する前に
検討することがいっぱい。
購入者のレビューなども参考に、
いろいろな商品をじっくりと比較。
そうやって悩んでいるうちに、
意外と買わないですむこともしばしば。
買い物に、時間をかけて慎重になることも
なかなかいいことですよ。

モノを減らしはじめれば
「すぐに買わない」クセがつく。
すると無駄遣いがなくなり、
生活にもプラス。後悔はさせません。

「特別じゃない日」なんて、ない。

せっかく買ったお気に入りのワンピース。
「特別な日に着よう」。
でも、それっていつだろう？
日々華やかなパーティがあるような
世界に生きている人って
そんなにいませんよね。
人生、普通の日がほとんど。
特別な日を待っていたら、
その素敵なワンピース、
着る機会を逃してしまいます。
それより、今日着ましょう。
気分が上がって、
まさにスペシャルデーになる。
人生に「特別じゃない日」なんて、ない。
「毎日が特別な日」にした方が
だんぜん幸せになれるから。

一分一秒、いかに気持ちよく過ごすか。

「モノは大切にしなさい」と言われて
本当に使いたいモノをしまって、
好きではないモノをずっと使ってた。
満足できなかった。
そんなのホントに無意味な我慢。
まず自分の気持ちに正直に、
大好きなモノだけと一緒に暮らせば、
それだけで楽しいし、爽快になる。
心からそのモノを大切にできる。
何よりあなたの気持ちが最優先。
その気持ちに従順にモノを選べばいい。
素晴らしい人生に、
毎日の一分一秒も楽しく。

生活に、音楽を。

自宅にいる時はほとんど常に
音楽が流れています。
愛用しているスピーカーは
スマホから簡単に音楽を飛ばせるので便利。
聞いているのはＪＡＺＺや
ハワイアンミュージック。
家にＢＧＭを流すようになったら、
ダラダラとＴＶをつけっぱなしにする
習慣がなくなりました。
ＴＶは余計な視覚情報が多すぎる。
耳に優しいＢＧＭならば、
情報量も抑えられリラックス効果も大。
モノだけじゃなく、
情報を「手放す」こともおすすめです。

迷ったら、買わない。

「減らす」「捨てる」という行為は、
実はとてもエネルギーがいります。
ダイエットでもそうですよね。
（一般的には）体重を減らすよりも、
増やすほうが簡単。
だから、モノが増えないように
入口をしっかりと締める。
買うかどうか悩んでしまうなら、
買わない。
使わないようなモノは、安易にもらわない。
そして、自分で管理できるだけの
「量」を意識して暮らしましょう。

最初からちゃんとしたの、買っておけばよかった。

洗濯物を干すピンチハンガー。
以前のモノは、ピンチがプラスチック製。
ピンチが壊れて歯抜けになっても、
「まだ使える」と辛抱強く使っていた。
買い替える時も同じ安いモノ。

片づけを学び始めてから、
捨てられないストレスや
モノの選び方に気がついて、
ステンレス製の商品に買い替え、
もう何年も快適に使い続けている。

こんなことなら最初から
こっちを買っておけばよかった。
ただ「ピンチ」はいいチャンスをくれた。
安価というだけの、
適当な買い物は控えようと。

「持つ」「持たない」。その選択肢の先に、笑顔のあなたはいますか。

処分で悩むのは、友人からのプレゼント。
「贈った人の気持ちを踏みにじるようで
手放せない」といった思いがよぎります。
しかし、
プレゼントの一番の役割は
「友人として、あなたを思っています」。
感謝して受け取った時に、
あなたにもその思いは
ちゃんと伝わっていますよね。
もう十分に役目を果たしています。

どんなモノでも不要であれば、
手放していいんです。
「持つ」「持たない」に悩んだ時には、
その先で、笑顔になれる選択を。

Withコロナ、With片づけ。

Withコロナの時代。
こんな時ほど、片づけの意義を感じています。
片づけとは、整理すること。
例えば、旅行鞄に
ちゃんと必要なモノが収まっていれば、
安心して旅に出られますよね。
家の片づけも一緒。
整理することで、
「何を持っているか」を把握でき、安心できます。
モノが把握できていないと、不安感から
無駄な買いだめに走りがち。
では、家の中の整理を始めましょう。
ポイントは、
「いかにたくさん収納するか」ではなく、
「本当に使っている道具はどれなのか」を
選別すること。

オートソープディスペンサー

高機能でスタイリッシュ。
子供たちが楽しく手洗い習慣をつけた逸品。

わが家で愛用のソープディスペンサーはセンサー方式。手をかざせば自動でソープが出てきます。●反応が早くノンストレス ●完全タッチレスなので衛生的 ●手をかざす位置で好みの量を出せる ●静音設計 ● 外側はステンレスで清潔 ● 水洗い可能で手入れがラク ●1回の充電で最長3ヶ月可動 ●蓋が大きく開き、詰め替えやすい ●見た目がスタイリッシュ とかなりのすぐれものです。

洗面台と食器用洗剤を入れたキッチンと、2台ありますが、洗面台にある方は、100円ショップで買ったフックを活用して宙に浮かせました。じかに置いていた時はディスペンサーの周囲が汚れやすかったので、より衛生的に。洗面台の掃除もラクラクです。子供たちも面白がって、楽しい手洗い習慣がついています。

➤ 充電式センサーポンプ ステンレス／simplehuman

掃除機をかけながら…。「床にジカ置き」卒業生の思い。

床にモノがないと本当に掃除がしやすい。
ジカ置きしていた頃もあった。
しかし、収納の中で眠っていた、
なくても困らないモノを処分すれば、
床のモノをしまうスペースが生まれた。
これまでそんな不要なモノに
いくらお金をかけてきたんだろうか。
ちゃんと片づけて部屋が整理されれば、
必然的に無駄遣いも減ります。
家の中を片づけることは、
人生を素晴らしい方向へ導いてくれる。

「続けられるコツ」は、一つだけ。

頑張りすぎないこと。
朝寝坊がいきなり「明日から5時起き」と目標を立てても挫折しがち。
まずは起床時間をちょっぴり早めて、就寝時間も早めていく努力から。
続けること＝習慣化は、こんなふうに「頑張りすぎない」が肝心ですね。
片づけも同じ。
いきなり収納のテクニックを教わっても、できなくてきっと嫌になる。
「他に手放せるモノはない？」くらいから始めましょう。
自然と片づけが身につくはず。
少しずつ、少しずつ、です。

「めんどくさい」をひたすら排除したら、究極のシンプルに行き着いた。

子供がＴＶボードの上に飾っていたおもちゃ。
ある日「うわ、ほこり被ってる！」と。
「そう、出しっぱなしだと
こうなるんだよ」と教えたら、
自室の棚の中に置き場所を変更しました。
これまでも部屋に
いろいろとモノを飾ったり、
出しっぱなしの収納術を試しました。
が、結局「掃除が面倒だ」と
モノのない究極のシンプルに
行き着きました。

【片づけの3つのルール】
①掃除を楽に。極力モノは出さない。
②使い終わったら、元の場所に戻す。
③収納の中がゴチャゴチャしてきたり、
いっぱいになったら、モノを見直す。

モノが増えると
バイキンも増えがち。

夜のうちにほこりが降りてくるので、
毎朝キッチンをサーッと拭いています。
その間にケトルでお湯を沸かして、
朝のコーヒーを準備するのが習慣です。
でも、もしキッチンに
モノがたくさん置いてあったら…。

モノが増えると掃除が億劫になる。
いちいちモノをよけながらの
掃除なんてしていられない。
すると不衛生になるし、
きっとバイキンも増える。
自分がめんどくさがり屋なのは
自分が一番よく知っている。
だから、毎日スッキリした空間を
めざし続けるんです。

だって苦手だから…。

料理が苦手な人が、
毎日料理をするためには、
凝ったレシピじゃなくてもいいから、
カンタンにできるメニューを選ぶこと。
苦しいことは続かない。
「シンプルで簡潔」が続ける秘訣。
片づけも同じ。
モノがたくさんありすぎると
片づけにも苦痛を覚えてきます。
続けるためには、
まずは「管理できる量まで減らす」こと。
するとサッと片づけられる。
カンタンです。
自分が楽に生きるために、
「モノを手放し、減らす」を習慣に。

1 in ／ 1 out

「1つ手に入れたら1つ手放す」。
片づけの世界ではあまりにも有名な言葉。
核心をついていて、
これを怠るとモノは雪だるま式に
どんどん増えていきます。
例えば、ノベルティのエコバッグ。
いつもなら、「もらわない」ですが、
見た目の可愛さにときめき、もらうと決心。
子供の新しい手提げ袋にしました。
子供も大喜び。
もちろん、それまで頑張ってきて、
ちょっとくたびれた手提げはちゃんと処分。
「1つ手に入れたら1つ手放す」。
これからも忘れないように、
意識して生活したいと思います。

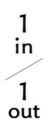

「大切にする」って、しまい込むことじゃない。

本当に「モノを大切にする」とは、
ちゃんと使ってあげること。
持っているのに使わないほうが
もったいない。
モノは、
毎日の生活を支えてくれるパートナー。
だからメンテナンスも必要。
もし、メンテナンスができない、
自分の手に負えないくらいに
モノを抱え込んでしまっているならば、
それを必要としている人のところに
回してください。
自分で管理できる分まで減らすことも
「モノを大切にする」ことです。

「収納」はいかに簡単に片づけられるかゲーム。

子供に片づけを教えるときは、
ゲーム感覚を取り入れています。
楽しいゲームのカギは「戻しやすさ」。

1. 使う場所と収納場所が
離れていないこと。
2. 次に使うことを考え、
種類別に分けて収納すること。
3. 定位置をしっかりと決めて
「どこに置いたら？」と迷わせないこと。
4. 置くだけでOKなくらい
収納に余裕を持たせること。
5. 大ざっぱにしまっても他のモノが
崩れないような、
丈夫な収納スペースであること。

では「3分で片づけるゲーム」開始！
素早く簡単にできる収納なら、
子供はもちろん大人にも
片づけが身につきますね。

文化の日

やる気の神様はすぐに逃げちゃう。

子供のやる気は一瞬が勝負。
「勉強しよう」と思っても、
すぐに取りかかれる場所がないと、
次の瞬間にはもう違うほうに目移り。
余計なノイズをなくし、
集中力を高めるように、
身の回りを片づけておくこと。
いつでもパッと取りかかれる仕組みは、
本当に大切だな、と感じます。
ちなみに、大人だって、
掃除の動線上にモノがあふれていたら、
やる気の神様はすぐに逃げちゃいますよね。

おしゃれと実用性を兼ねるアイテムはそうそう見つからない。

インスタに出てくるおしゃれな家では、
アイテムもみんなおしゃれ。
生活感が出ないモノ選びが上手。
でも、おしゃれと実用性を兼ねる
アイテムなんてそうそう見つかりませんから、
多くの家では出しっぱなしは難しい。
ならば、モノを収める定位置として
収納をしっかり活用していきましょう。
生活感にまみれたアイテムでも、
収納の扉を閉めてしまえば見えません。
まずは、あなたの家にある
「死蔵品の収納空間」の
掘り起こしから。

使って、戻す。毎日はその繰り返しだから。

片づけの極意は
「突っ張り棒を使った裏ワザ」でも、
「便利なマル秘グッズ」でもない。
ただシンプルで出し入れしやすく、
持ち物が変わっても柔軟に対応できる、
毎日片づけられる収納スタイル。
モノはたくさん入るけど、
複雑で掃除がしにくい、
なんて収納を作っても、
きっと毎日きちんとできないから、
意味がないですよね。
難しい収納術なんて、いらない。
「使って、戻す」。
毎日続けられる
シンプルな収納スタイルを。

Fujinaoセレクトのオススメ便利グッズ ❷

コードレスシュレッダー

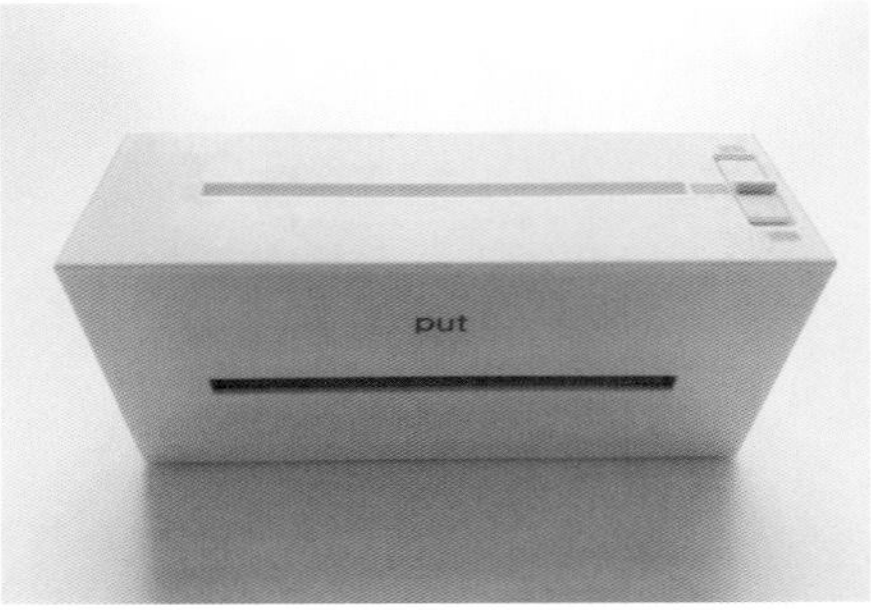

サッと取り出し、サッとしまえる。
家中どこでも使えるスグレモノ。

シュレッダーの使用は、ハガキや学校からのプリント類を数日に1回、3枚程度を処理するだけなので、わが家ではこのコンパクトな1台で十分。ACアダプターにも対応しますが、電池を入れれば、コードレスで家中どこへでも持ち運びでき、その場で細断がOKです。本体に細断クズ受けはありませんが、付属のフックをゴミ箱の縁に掛ければ、細断した紙ゴミをそのまま捨てられます。手のひらサイズで収納にも困りません。使う場所と収納場所を選ばない優秀選手です。

➤ パーソナルシュレッダ プット ホワイト／ナカバヤシ

Chapter

2

片づけの技術

片づけの方法は1通りではありません。
家の大きさや家族構成、立地条件なども違いますから、
あなたの家なりのやり方でいいと思います。
ただ、もし参考になれば。
わが家で行なっている実例をご紹介します。
いいヒント、いいアイディアになりますように。

モノを減らすための思考と技術。

「モノより人」へのマインドスイッチでモノを減らす。

片づけの課題は2つ。「モノが多すぎる」と「置き場所がない」。「モノが多すぎる」には思考の改革が必要で、「置き場所がない」は収納の技術で改善できます。まず、片づけの最重要課題、多すぎるモノの量を把握し、モノを減らすための思考の改革から。

片づけられない人の多くが、人よりもモノが大切になっています。その思考を「モノより人が大切」に変えることが肝心です。

誰だって最初は、自分が快適に過ごすためにモノを買ったり、自分の身近に集めたりしたはず。しかし、現代のようにモノが簡単に、しかも比較的安価で手に入るようになると、分別もなくモノを買いあさるようになります。手にしたのが不要なモノであることにも気づかずに、モノがモノを呼び込むように増え続け、家という限られた貴重な空間を占拠していく。しかも厄介なことに「快適」とはほど遠い「苦しみ」を与えてしまうようになっていることも多くて…。

モノたちは私たちの思考をマヒさせます。「モノを捨ててはいけない」「もったいない」「まだ使える」「いつか特別な日に使うから」などと何度も耳打ちしながら。同時に、私たちの思考回路には、「せっかく買ったモノを捨てては損をする」「捨てたらモノが足りなくなって困る」「プレゼントや思い出の品を捨ててしまうなんてヒドイ」などという罪悪感や強迫観念さえ芽生えてきます。

こんな思いを抱えていたらとても健全な暮らしを送れるとは思えませんよね。実際、モノがあふれると室内の空気の流れがさえぎられ、湿気がたまり、結露やカビの要因になります。ほこりもたまりやすく、呼吸器系の不調を引き起こしたり、部屋の中を移動する際にモノにぶつかってケガをしたり、健康被害も多発。しかも、本来リラックスして休息をとるための家なのに、片づいていないからゆっくりくつろぐこともできず、気がつけばイライラを募らせていく。モノがあふれて散らかった部屋ではこんなふうにメンタルにも大きな影響を及ぼしかねません。

いかがですか。これでもまだモノたちに占領され、洗脳された暮らしを続けようと思いますか。いや多くの人がそこから抜け出したいと気づいているはずです。

大丈夫。モノはちゃんと捨てられます。そのためにはまずモノを抱え込むデメリットを認識して、「わが家の主役は、モノじゃない。私と家族だ」ということをしっかりと心に刻み込まなくてはなりません。そしてモノを選ぶ際には「いかに自分たちが快適に暮らせるか」という目線を持つことが大切。同時に、自分と家族にとって本当に幸せである、理想の生活像を思い描くことも重要。

すると本当に必要なモノは何かがわかるようになり、不要なモノをごく自然に手放すことができるようになります。モノが減るとスペースが生まれ、動線が自由になり、掃除が楽になり、毎日の片づけもすぐに済み、しかも、不要なモノを買わなくなっていくので、無駄遣いもなくなりお金も貯まっていく。ゆったりとした空間で健康的な時間を過ごせ、自己肯定感も上がります。そうして美しい時間、美しい生活、美しい人生が目の前に広がってきます。

「モノより人」へ、思考回路をスイッチさせ、「多すぎるモノを減らす」行動を始めましょう。

出す、分ける、収める。これだけで人生は変わる。

多すぎるモノへの考え方が変わったら、「置き場所がない」への解決策＝収納の技術的なノウハウが必要です。ただ基本は次の３つの作業だけ。

● 出す（収納空間から全部出す）
● 分ける（不要なモノを取り除き、ジャンルごとに集める）
● 収める（ジャンル別に使いやすく収納する＝モノの定位置を決める）

「モノが片づかない」という多くの人が抱える悩みは、ジャンルがバラバラで、不要なモノと必要なモノが混ざり合っていて、まさに「収拾がつかない」ケースがほとんど。例えるなら、様々な種類のパズルのピースがゴチャ混ぜになっている状

態。アンパンマンのパズル、ドラえもんのパズル、ミッキーのパズル…。パズルを完成させるにはまずピースを全部出して、それぞれのピースを種類ごとに分けること。その作業を家庭の収納でも。

片づかない家の収納の中からは、1回使っただけで錆だらけになったキャンプ用品、二度と読み返さない古いマンガや書類、どこにあるか覚えていないレストランの開店祝いのノベルティ、壊れたおもちゃ、片方だけの手袋や一昨年の手帳など、どう考えても処分の対象になるモノがゴチャゴチャと出てくることでしょう。そうして仕分けが進むと、必要なモノでも「ホチキスが3つ」「爪切りが5つ」「印鑑が7本」とダブりが出てきます。ミッキーの同じ鼻のピースは、3つも4つもいらない、1つあれば十分。つまり、自然に減らすべきモノが見えてきます。

まずは、1つの収納から、そこに収まっているモノを全部取り出し、本当に必要なモノと不要なモノとに選別。「懐かしい」と思っても何年も使っていなかったモノなら処分しても大丈夫。なぜなら、そのモノがなくても何年も平気で暮らしてこられたのだから。すると、収納空間は驚くほど広くなり、そこに本当に必要なモノをしまえばいい。同じジャンルのモノを集めて、取り出しやすく戻しやすいようにモノの定位置を決めればOKです。

片づけの秘訣は、本当にこれだけ。だから、時間の経過とともに収納にまたモノが増えても、また全部出して、選別して、しまうだけ。これだけであなたの毎日は、これからずっと片づいた、ゆとりのある美しい人生になっていくはずです。

バックヤードは、モノ減らしのスタート地点。

大きな空間を片づけると、部屋の景色が大きく変わるから。

片づけを始めるスタート地点は、バックヤード（納戸）のような大きな収納空間から。特に使っていないモノが大量に眠る空間から始めることがオススメです。

そもそもモノが片づかない原因は、本来、収納として使うべき空間を、使っていないモノが占拠していて使えないから。収納というのは使っていないモノをしまい込む空間ではなく、よく使う道具をすぐに使えるようにスタンバイさせておく場所。収納空間から不要なモノがなくなり、空きスペースができれば、いつもテーブルの上に出しっ放しになっていたモノが収まっていきます。

こうした作業を大きな収納空間から行なってほしいのは、部屋の景色が大きく一変するというわかりやすいメリットを実感してもらうため。人間は、目に見える効果がないとすぐに諦めてしまいがちです。ダイエットがなかなか続かないのは、翌日10kg減るような激変はないからかもしれません。片づけも一緒で、すぐに効果が出ないと挫折しやすいのです。でも、大きな空間の片づけを始めると「すごい！」

と歓声が出そうなくらい景色が変わるので「片づけ、私にもできるぞ」とモチベーションアップにもつながっていきます。だからこそ、最初は大きな空間の片づけにチャレンジすることをオススメしています。

さらに、大きな収納空間には存在すら忘れてしまったモノ、いまはまったく使っていないので手放しやすいモノがたくさん。その類いのモノって、要・不要＝「手放す」判断がしやすい。こうして手放すことに慣れると自分の中に明確な判断基準が生まれ、手放すことに正義を感じ、喜びさえ覚えるようになります。

また、前述通り、たくさんのモノを一度に手放すことで、驚くほどの空間が生まれ、モノをしまう場所ができ、掃除が楽になり、部屋がキレイになります。片づけの効果を感じやすく、もっともっと手放したいという気持ちに弾みがつきます。

すべてのモノにカタをつけ、仲間に分ける。

片づけが苦手な人たちは、収納や引き出しの中に不要なモノがたくさん入っていて使いたいモノが見つからず、使うこともできないストレスを抱え、おまけに必要な新しいモノを手に入れても「しまう場所がない」と悩んでいることがとても多いです。そんな悩みを解決するためにも、収納の中のモノを全部出して一つひとつ仕分けをする必要があります。

片づけとは「カタをつける」ということ。すべてのモノに対して、要・不要のカ

タをつけることが肝心。その収納で見つけた「使っていないモノ」は、言い換えれば「動いていないモノ」。家の中の「動いていないモノを動かす」＝「使う」、もしくは「手放す」ということが大切なのです。動いていないモノが詰まっている収納の中を見直して「使う」「手放す」に仕分ける。これが「カタをつける」第一歩です。

片づけ作業では、要・不要を仕分けると同時に、ジャンルごとに集めていくことが大切です。初めて訪れるスーパーでも、コーラが欲しいなら飲料コーナーに行けばあるだろう、とすぐに見当がつきます。それはモノがジャンル別に集められて陳列されているからです。

文房具、メンテナンスに使う道具、化粧品、旅用品、衛生用品、季節の飾り…。家の中にはたくさんのジャンルのモノがありますが、片づけが苦手な人はこの「ジャンル分け」ができていないことが圧倒的。キッチンの引き出しの中に、和風だしも、ハサミやボールペンも一緒に入っている。そんな状態を「ホチキスは文具コーナー」「プラスドライバーは工具コーナー」など関連する仲間（ジャンル）を集めて収納することへ転換。ジャンル分けがきちんとされていれば、モノの定位置が決まり、探す手間が省け、多すぎるモノ、足りないモノがすぐにわかります。

ギュウギュウに詰めず、3割の余裕で。戻しやすく。

最後に覚えてほしい片づけのノウハウは、「戻しやすく収納する」。

部屋が散らかる理由の大半は、使ったモノを戻せないこと。だからこそ「戻しやすさ」に着目。では、「戻しやすい」ポイントとは何か。それは「戻すための、アクションが少ないこと」、そして「収納スペースのゆとり」です。収納空間はジグソーパズルを完成させるようにカッチリと詰め込まず、3割ほどのゆとりを残すことがポイント。

想像してみてください。書店の棚で気になるタイトルの本を見つけました。引っ張り出して手にとって、中身を見た後に本棚に戻そうと。その際、本棚に多少のゆとりがあれば片手でサッと戻すことができます。ちょうど満杯くらいならば、手で他の本を押さえながら戻すことになるでしょう。しかし、一度抜き取ったらもう戻せないくらいギュウギュウに詰まった本棚であれば本を戻すことは諦めて、平積みの上において、ちょっと後ろめたさを引きずりながらその場を立ち去ることでしょう。家の収納も同じ。「戻すのに手間がかかる」は「戻さない」という、片づけの一番の大敵に変わっていきます。

よくタンスの引き出しが開けにくくて「洋服が元に戻せません」という声を聞きますが、これは当然のこと。出し入れにストレスがかかるようでは毎日ちゃんと戻すようなことは続きません。ギュウギュウで詰め込みにくいならば減らす。引き出しが壊れて開かないなら早く買い替える。「戻しやすさ」を実現させ、手間やストレスを減らすことも、毎日片づけを続けていける秘訣になります。

家を建てるとき、片づけの成果が。

2020年1月。夫の単身赴任と同時に私と子供たちは北海道に家を建てて住み始めました。一番に考えたのは、これから長く暮らす家なのでとにかくラクに暮らせる家にしたい、ということです。そこでこだわった点は3つ。「暮らしやすくシンプルな動線」「掃除がしやすい空間」「メンテナンスの簡単さ」です。

まずは、暮らしやすくシンプルな動線であること。

いずれは夫と二人で暮らす家。老後を考えて、1階ですべてが完結する間取りを希望。1階にリビング、キッチン、トイレ、洗面所、お風呂、ファミリークローゼット、そして主寝室。2階は子供部屋と和室のみ。家族団らんや家事のほとんどが1階で完結する、まるで平家のような作りです。

スライドドアを多く採用し、普段は開けっ放しにしているため動線もシンプル。玄関から一直線で洗面所に行くこともできます。

次に、掃除がしやすい空間をめざして。

あらゆるモノを収納の中に収め、外にモノが出ていない仕組みを実現。ほとんど

の収納内に電源を設け、スマホなどの電子機器はしまいながら充電がOK。ゲーム機も、プリンタや電子レンジ、炊飯器などもすべて収納の中に収まっています。
収納内の棚板はすべて可動式。どの段でも電気が使えるようにプラグを通す穴も開けました。整理収納アドバイザーとしての経験から、生活の変化に対応しやすいように棚板の数も通常よりも少し多めに作ってもらいました。
収納に収まっているとモノにほこりがたまりにくく棚の掃除も簡単。まさに、ラクにキレイを維持できる理想の空間になりました。

3つめは、メンテナンスのしやすさ。
深さがあって掃除がしにくい郵便受けはやめて、投函口の下に受け皿的に1枚のガラス板を設置。ペットスペース、洗面所、脱衣所などは水滴に強いタイルの床。窓枠の桟《さん》、ガスコンロや洗面台周辺、トイレの壁などにはガラス板を使って水拭き掃除をしやすく、劣化しにくい空間を実現しました。

これからの暮らしに合うようにとこだわりましたが、何より建築士の方とのやりとりをスムーズにさせたのは、自分たちの持ち物が明確なこと。モノの種類や量がはっきりしていたので「ここに、こんな収納を」というリクエストが容易でした。
これも片づけの成果。片づけで身の回りのモノを把握しておくことはなんと有意義なんでしょうか。

キッチン

使い勝手のいいキッチンには、
やっぱりモノが出ていない。

調理器具や食器、食材、洗剤…キッチンには、モノが集まります。
大切なことは、やっぱり何をどれだけ持っているかを
ちゃんと把握して、使い勝手のよくないモノは買い替え、
不要なモノは処分し、モノを減らし、定位置を決め、
キッチン周りには何も置かれていない状態を心がけること。
すると調理中の動線がスムーズで、掃除もラクで、
本当に使い勝手のいいキッチンが誕生しますから。

キッチン

カップもコップも重ねてしまう。

食器類はカップもコップもキレイに重ねられるモノを選び、それぞれの定位置も決めれば、スペースを有効に活用できます。カトラリーも種類ごとに仕分け。これくらいスペースに余裕があればモノの出し入れもしやすいですよ。また、食器もカトラリーも家族と近所に住む私の両親の分を合わせて、保有数はそれぞれ最大6点。それ以上は不要だと決めています。万一、ちょっと大人数でホームパーティーなどをする際は、紙皿を活用。後片づけも断然ラク。オススメです。 **1**

お皿類は多用途・多機能を考えたセレクション。

料理は目でも楽しむもの。だから料理をレイアウトする舞台になり、食卓を彩る食器はいろいろ揃えたいもの。しかし、空間は限られています。食器をしまうと決めた場所に、ゆとりを持って、出し入れが簡単にできる数にしています。結果的には、どんな料理の盛り付けにも便利な大きめのお皿やどんぶりにもカフェオレボウルにもなる器など、用途を限定しない多機能なアイテムが残りました（それしか使えないグラタン皿などは思い切って処分しました）。 **2**

1

2

キッチン

鍋やフライパンも、取り出しやすいしまい方。

フライパンは厚底で、ソテーも煮込みも揚げものもできる多機能タイプ。取っ手が着脱可能です。収納も出し入れしやすい配列で。同じ場所にオイル類をしまえば、よりスムーズに調理できます。**1**

少なくなった調味料もすぐにわかるように。

調味料などのストックも、グループとして1箇所にまとめると便利。わが家では、カゴ型の引き出しで、どこに何があるかがすぐにわかります。それぞれの調味料を透明な容器に詰め替え、残量がわかるようにし、買い忘れをなくしています。**2**

ゴミは見せない方が気持ちいい。

調理の際に出たゴミは、シンクの下に隠したゴミ箱へその場で捨てます。調理をしながら片づけられるシステムです。ゴミは見えない方が絶対気分もいいですから。また、この配置なら、ゴミ箱が動線の妨げにもならずとても快適です。**3**

1

2

3

クローゼット

全体をパッと見渡せるから、
着たい服がすぐに見つかる。

クローゼットは不要な服を詰め込める場所ではありません。
収めるべきアイテムの要・不要の仕分けが肝心です。
ポイントは、本当にいま、そしてこれからも着たい服かどうか。
この作業を繰り返すうちに、ワードローブは少数精鋭に。
どこに何があるのか、一目でわかるクローゼットが完成します。
私の場合、本当に着たいお気に入りのワンピースたちを
迷わず選んで毎日身に着けられるからとても幸せです。

クローゼット

Tシャツはタテ置き。

子供たちの衣類などの収納。どこに何があるかをわかりやすくするために、Tシャツは重ね置きしないで、立てて収納。平置きの場合、着たい服がどこにあるのかわかりづらく、下から取り出すとすぐに崩れてぐちゃぐちゃになります。わが家の場合は、自立して、胸のプリントで区別がつくようなたたみ方にしています。これならば子供でも、着たいTシャツがすぐに見つけられます。もちろん、ギュウギュウ詰めにはしないで「取り出しやすく」「しまいやすい」という基本に忠実にしています。 **1**

子供にもわかりやすい日本語でラベリング。

棚の収納を使う場合は、上部にゆとりを持たせて、のぞいたときにすぐに中身を確認できることが肝心ですが、棚の上下が狭くて中身を上から見渡せない場合は、例えば市販の収納BOXを活用して引き出し式の収納システムに。コツは、引き手のある面に中身は何なのかがわかるよう日本語でラベリング（英語だと子供にはわかりづらいこともしばしば）。取り出しやすく、戻しやすく、すぐに見つかる、というメリットも「片づけ」をしているからだと、子供たちもしっかりと理解しているようです。 **2**

1

2

クローゼット

左右対称感が
ちょっと不思議で愛おしい。

２階にある子供部屋ではなく、１階のウォークインクローゼットに息子２人のランドセルコーナーと教材置き場を設けました。帰宅後、玄関から直行できるシンプルな動線で、しかも棚の上にドーンとすぐに置けるカンタンさ。子供にはこのカンタンさが大切。１階のダイニングで勉強するときにも教科書やノートを取り出しやすくて便利。子供が勉強する気になったときに、すぐに対応できる態勢です。もちろん、翌朝、朝食後に登校する際の準備もサッとできます。 **1**

子供部屋というより、The 寝室。

クローゼットに子供のための収納スペースを設けているので、基本はベッドがあるだけの次男の部屋（長男の部屋も同じ）。ただ床面を自由に使えるので、１人遊びも思う存分です。「自分の部屋に飾りたい」と次男が主張した、お気に入りのぬいぐるみコレクション。他の部屋から見るとちょっと散らかって見えますが、次男の個人スペースなので好きにしてもらっています。子供自身にも自分で管理できる量までモノを減らすように教えてきたので、息子は２人ともそれぞれの部屋で、モノがちょっと増えると自分で手放しています。 **2**

1

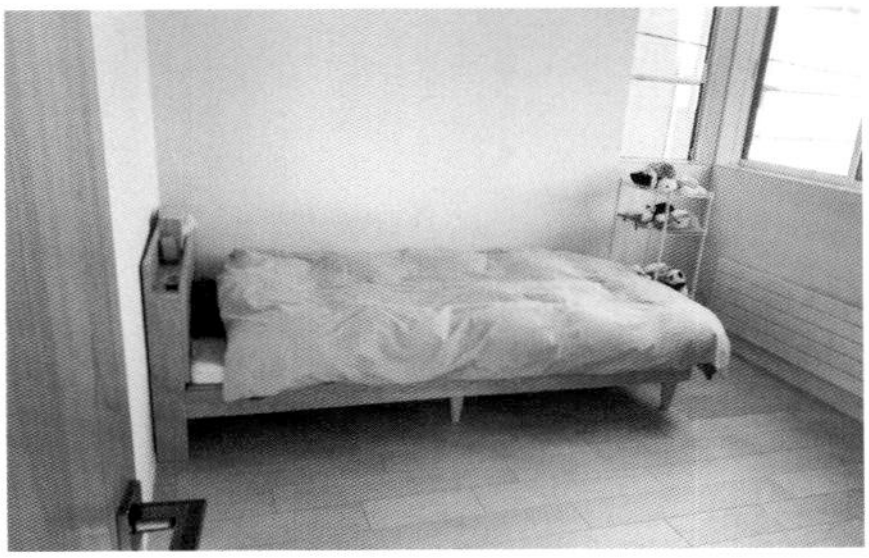

2

クローゼット

のぞいた時に中身がわかることが一番。

薬なら薬、おもちゃならおもちゃ、とジャンルごとに収納BOXに集めて収納。コツは棚の収納ならば上部に空き空間を設けて、のぞいただけで何があるのか見渡せるようにすること、もしくは、収納BOXを引き出しのように使って、引き出した時に中にあるモノの場所がわかること。逆に絶対にやってはいけないことは、まだ余裕があるからとモノの種類を混ぜてしまうこと。放っておくとガレキのように重なりあい、やがて規則性を失い、何があるのかわからないブラックホールと化しますから。**1**

アイロンはエコバッグに入れて。

アイロンは平置きしづらく、収納に困るアイテム。わが家の場合、エコバッグに入れてフックに吊り下げています。取り出しやすくてしまいやすく、便利。**2**

1

2

リビング

デスクワークは、
文字通り座ったままで完了する。

リビングとキッチンの間にあるワーキングスペース。
自分の身長に合わせた高さのデスクと椅子を完備して、
長時間のPC作業にもいい姿勢で臨めています。
右脇の収納には文房具や電子機器類を種類ごとに集め、
ほぼ座ったままで必要なモノが取り出せます。
依頼された原稿や講座のテキスト類を出力するときも、
収納内のプリンタに手を伸ばすだけ。座ったままです。

リビング

すぐ使うモノ、入れ替えが多いモノは
クリップ掲示で管理。

すぐに返信や提出が必要な書類や、入れ替え頻度が高い学校のお便りなどは、クリップ留めにして貼っています。デスク前の壁のほか、収納扉の裏も活用。定期的に発行される書類などは、新しい書類が届いたらそのつど入れ替えて、古い書類は捨てることが大切です。家の中で掲示できる場所は限られていますし、あれこれ貼ると結局目立たなくなるので、掲示する情報は厳選が必要。 **1.2**

文房具や日用品をグルーピング。

日常的によく使うモノを収納しています。もちろん「仲間」ごとに分けてトレイなどで仕切り、上部には空き空間をとる、という収納のセオリーを守ることで、取り出しやすく戻しやすく。トレイにはモノの定位置がわかるようにしっかりとラベリングしています。 **3**

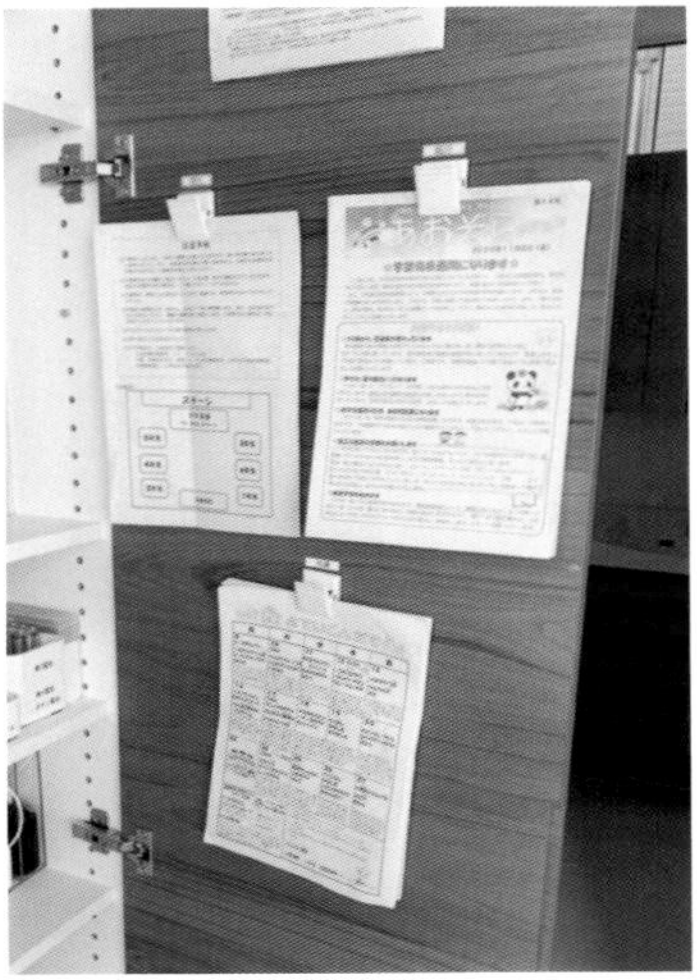

1

2

3

リビング

使用頻度の低い工具は
収納棚の上部に。

電動ドライバーのように、必要だけどあまり使わないモノは収納棚の上部に。中身が見えないので収納トレイにはラベリングを忘れずに。トレイには引き出しやすいように（すべりがよいように）家具の脚などに貼るフェルトを底に貼っています。高いところだからこその、こうした工夫も小さなストレスを軽減します。 **1**

プリンタも作業デスクのすぐ横から出動。

おかげさまでInstagram、ブログの他にも、webメディアや出版社への寄稿が多くなり、原稿チェックの意味でもプリンタは大活躍です。作業デスクのすぐ横の扉を開ければすぐに出動。この収納スペースはプリンタを置くことを前提にした幅で、しかも可動式の棚のおかげで座って仕事中にプリントを取り出せる高さに調整しています。コードも壁の裏側から電源へつながっていて、ジャマな要素がなくスッキリと。CD-Rなどの関連アイテムも近くに収納でき、大変便利なマイオフィスになっています。 **2**

1

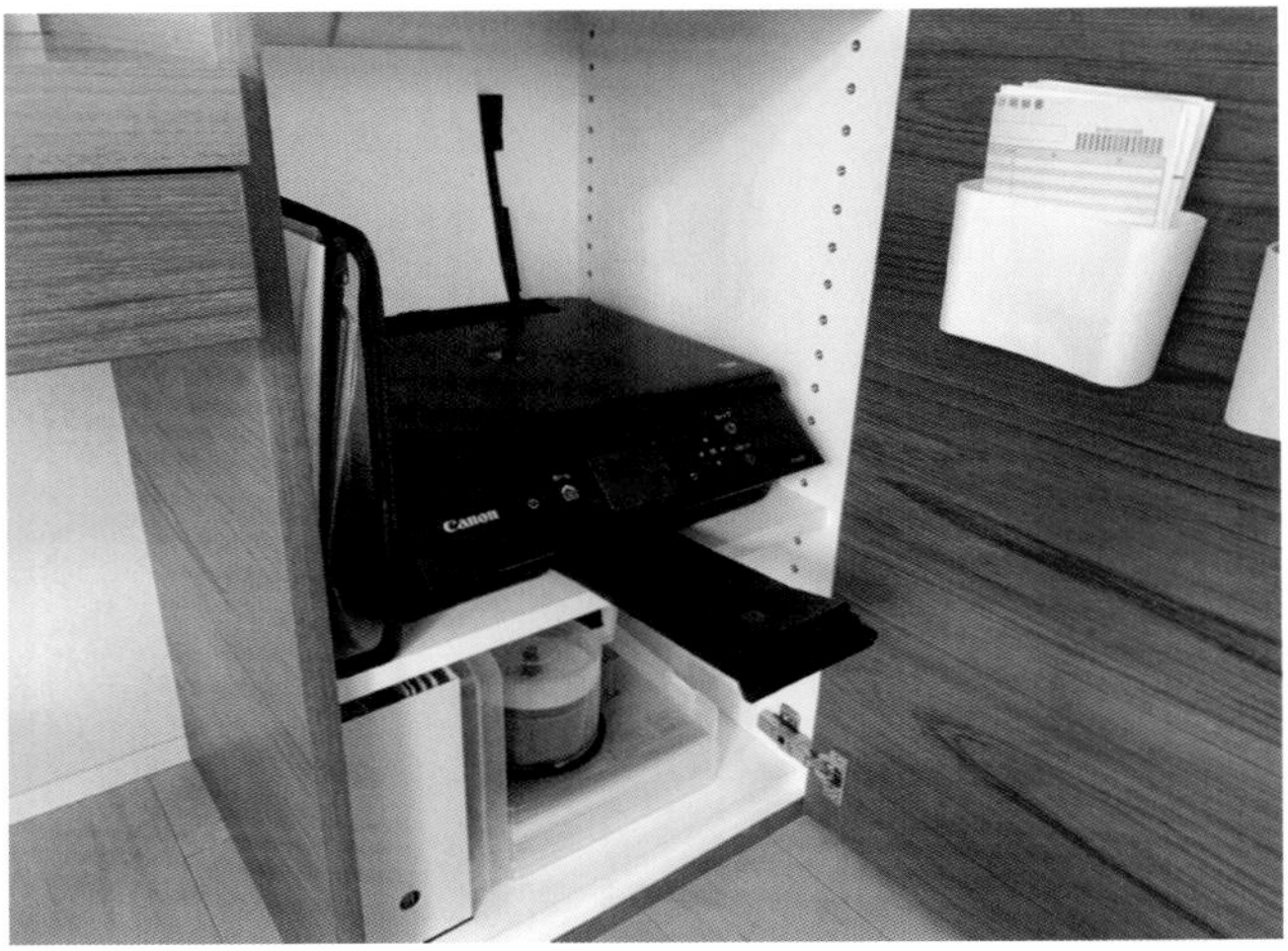

2

玄関

出がけに手間なく、帰宅時にカンタン整理。玄関脇の収納が決め手です。

玄関は出かけるときの仕上げの場所であり、
帰ったときにOFFに切り替える場所だから、
ここに置くと便利なモノを収納するスペースを設けました。

家族ロッカーみたいなハンガースペース。

玄関脇に設けた収納コーナーは、いわば家族ロッカー。コートやアウター類は出かける前にサッと羽織れるし、帰宅時にはここに掛ければ脱ぎっぱなしになりません。 **1**

ストールや帽子も定位置でスタンバイ。

出かけるときにサッとまといたいストールや帽子類なども定位置を決めておけば便利です。感染症予防用のマスクも玄関にストックすれば「あ、マスク忘れた」を回避できます。 **2**

出がけにあわてないシステム。

収納のシステムは他の場所と一緒。仕分けしてグルーピング。息子たちが通うテニススクールへ持っていく大切なラケットもここが定位置です。出がけにあわてることはありません。**3**

1

2

3

階段下収納

棚板にもラベリングで、
モノの定位置が決まる。

階段下収納は、洗剤類などのストックや掃除グッズと愛犬のケア用品の定位置にしています。棚板にもモノの居場所を示すラベリングをしっかり。こうすればもう違うモノは置けないし、収納スペースが乱れることはありません。 1

ペットのモノも、専用の場所に。

愛犬・ミルクのケア用品は収納BOXに。ジャンル分けして、引き出し式でしまえば、在庫は一目瞭然。おやつの骨ガムがない、なんてことはなくなります。 2

1

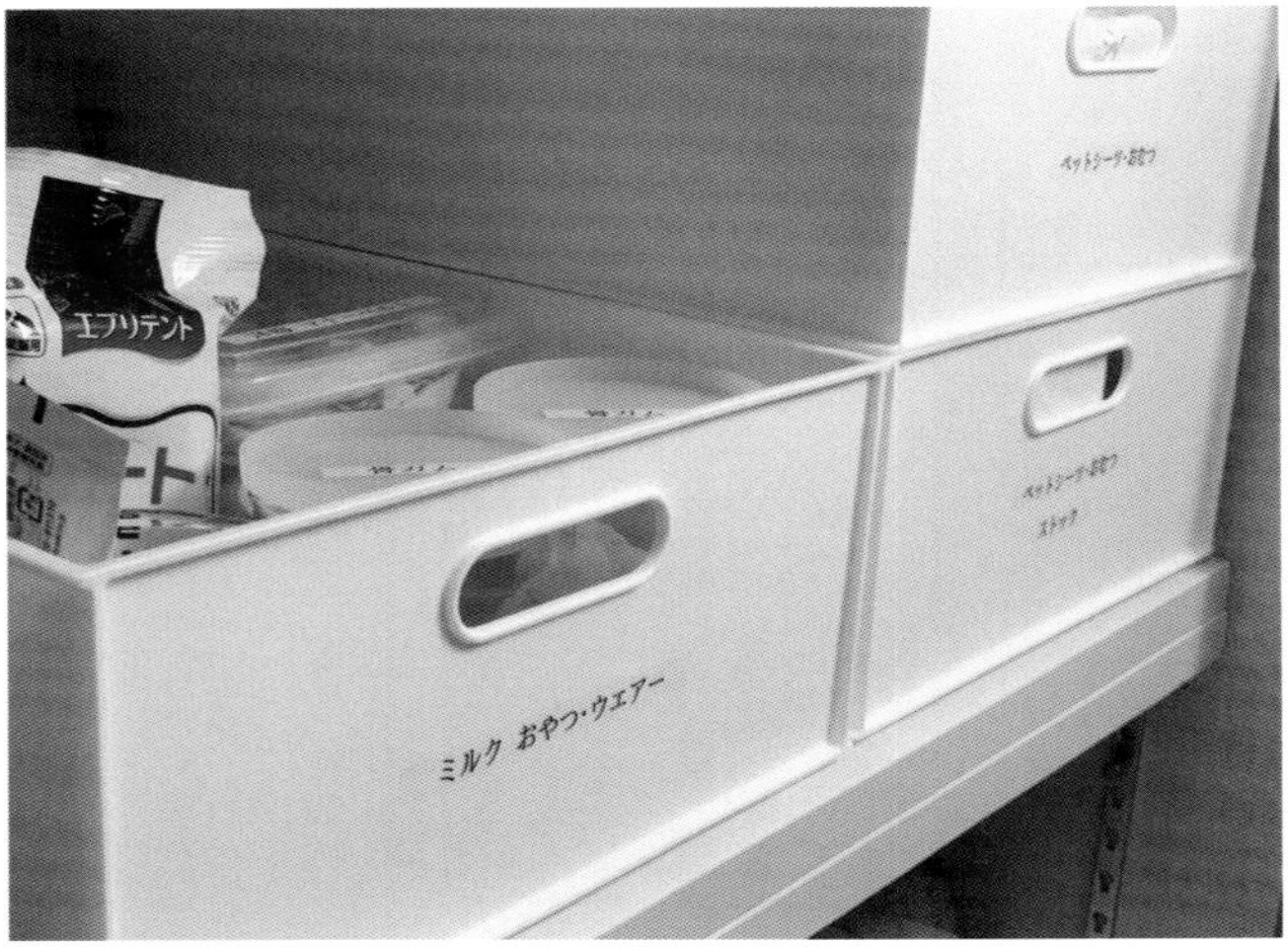

2

[アイテム別]

書類

大分類から小分類に仕分ける。

書類収納のポイントは、大きな分類から小さな分類に段々と仕分けていくこと。例えば、夫に関する書類を入れるファイルボックス内を、保険、銀行、クレジットカードなど大まかにジャンル分けし、さらにクリアファイルで保険会社別、カード会社別などに細かく仕分ける、というように小さい分類にしていきます。出し入れがしやすく、探しやすい仕組みです。ファイルボックスを置く場所はできるだけ収納の下段に。書類は重いため、中段以上にしてしまうと「出してどこかに置く」ことがハードルになりますので。 **1**

収めにくいモノは専用ファイルで解決。

取扱説明書は薄めの本くらいの厚みがあったり、付属品がついてくることもあるので、個別のファイルを使っています。おすすめは市販の取説専用のファイルケース。小さな付属品ならば一緒にしまうことができる厚みがあり、ある程度の重さに耐える丈夫な作りなので、長く使っても歪んで場所をとることもありません。このファイルに入りきらないほどの付属品がある場合は、100円ショップで売っている厚みのあるファイルケースに、取説と付属品を入れています。収まりよく立てて収納できます。 **2.3**

➤ **2**　スキットマン 取扱説明書ファイル 2633／キングジム

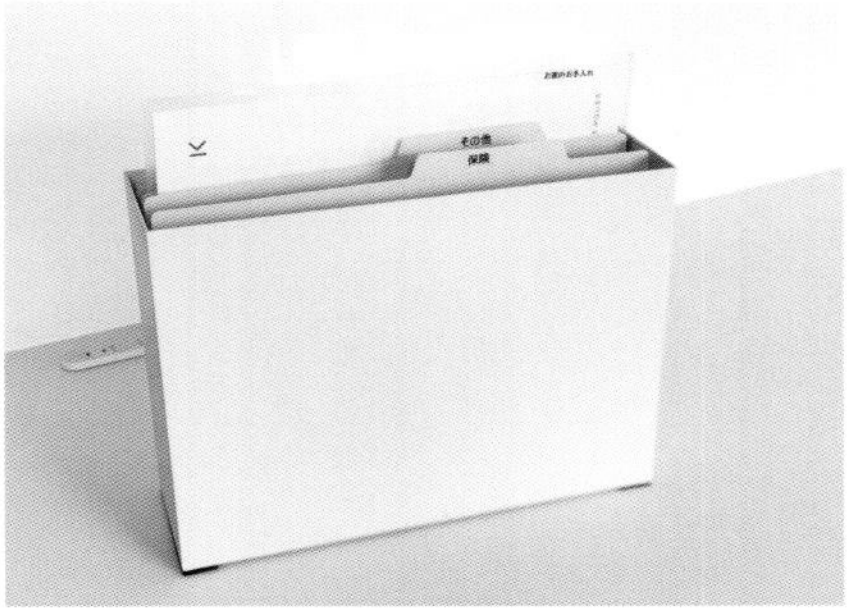

1

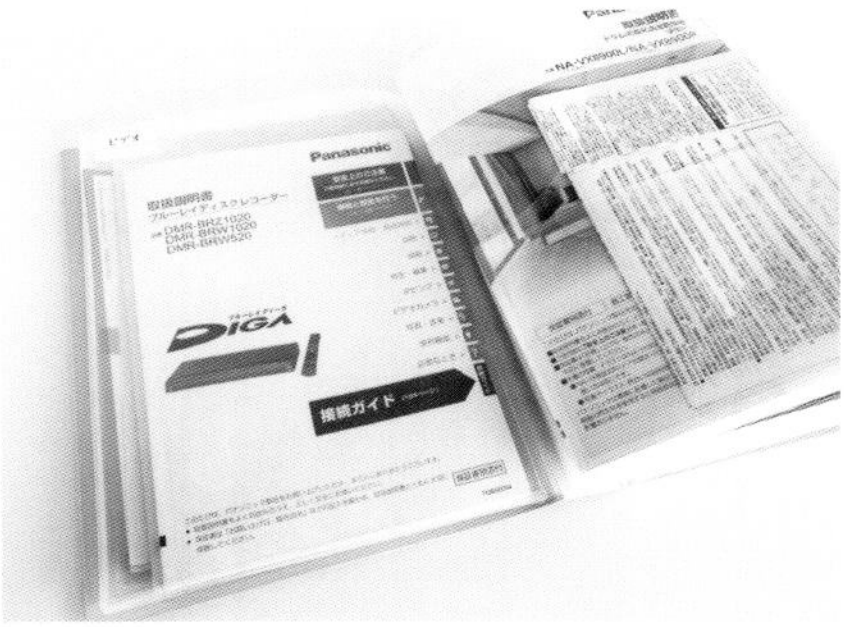
Panasonic
取扱説明書
DMR-BRZ1020
DMR-BRW1020
DMR-BRW520
DIGA
接続ガイド

2

3

［アイテム別］

本

基本は書店の棚のように。
読みたい本が、背表紙でわかるように。

主寝室の収納は、書籍やCDなどの定位置。片づけや収納に関する書籍の他は、夫の私物。実は彼は紙の本派。しかも読み終わった後も取っておきたいタイプ。とはいえ、片づけにはとても協力的でいまの量まで絞ってくれました。が、コミックスの「ワンピース」はどうしても取っておきたいと。もちろん、大切な人が、大切に思うモノは、大切に保管（ホント大切)。ただ、収納する際は、本類も重ね置きはしないで、書店の棚のように背表紙でどこに何があるかがすぐにわかるシステムを採用しています。また取り出しやすく戻しやすい、ギュウギュウにはならず少し余裕のある並べ方をしています。余談ながら、電子書籍を利用したり、図書館を活用するのも本を減らすには◎。

［アイテム別］

子供の作品

子供の力作は、見返したくなるときに、気軽に見返せる工夫を。

幼稚園時代からの子供たちの作品のうち、絵や折り紙は、100円ショップで購入できるA3のプラケースに保管。見返しやすいようにパンチで穴を開けて「プラとじ」でとじています。子供の作品とはいえ、増え続けてしまうモノですから仕分けは必要です。わが家の場合は、3年間で1人1冊の割合で、子供と相談しながら「これはお気に入り」「この絵はまた見たい」という作品だけに厳選しています。1年ごとに表紙を作ると成長度合いもわかってGoodです。作品には様々なサイズがありますが、小さな作品や変形の作品は、画用紙に貼ってファイリング。大きな作品は、パンチ穴を工夫して折りたたんだり、一部を切り取ってコラージュしたり。見返したくなる作品を、気軽に見返すことができる仕組みにしています。立体作品は写真を撮り、データで保存します。

［アイテム別］

防災グッズ

食料品のローリングストックと定期的なチェックが不可欠。

わが家はモノを持たない家ですが、防災グッズは別です。セットになった防災袋を基本に、緊急時に必要になる非常用トイレやブルーシートなどを追加。また、普段から使う飲料水やインスタント、レトルトなどの保存食は多めに買って、使った分だけ買い足すローリングストックを行なっています。さらに、北海道という寒冷地を意識して卓上コンロの直火で温められる「湯たんぽ」などの防寒対策も準備しています。家族構成や地域性などによって災害時に必要なモノは変わりますので、各家庭で最適な防災グッズを揃えてください。ちなみにわが家の主な収納場所は、普段は使っていない和室の押し入れですが、東日本大震災のあった3月と防災の日の9月に使用期限などをチェックしています。 1

足元を守ることが肝心と聞いて。

普段はわが家ではスリッパは履きませんが、リビング収納の一番下、すぐ出せる場所に防災用のスリッパを入れています(黒い袋内)。万が一室内でガラスが割れたときにも足元が守れる、底が厚めのものを用意しています。 2

1

2

重ねられる保存容器

スタッキングできるモノで省スペース。同じシリーズで揃えればカンタンです。

キッチンの整理で意外と盲点なのは、プラスチック製の保存容器のメーカーがバラバラでうまく重ならないこと。100円ショップなどで、規格やメーカーを気にせずに適当に買い集めた容器が、アンバランスに積み込まれて引き出しの1つが埋め尽くされている例は少なくありません。キッチンには狭い空間に多くの道具が収納されています。機能的なキッチンスペースを考えれば、保存容器も、ボウルも、コップや鍋やフライパンも「上手に重ねられ、スペースを取らないよう、シリーズやメーカーを統一すること」は、とても大切なポイントです。

➤ そのままレンジ保存容器／HOME COORDY（イオン トップバリュ）

北欧家具メーカーの布製収納ケース

布団や防寒着を四角く収めて、お悩み解消。置き方もタテヨコ自在で、スッキリ収納。

使わない時期の布団や防寒着の収納はなかなか悩みのタネですね。それは形が四角く収まらないから。布団圧縮袋で小さくしても、ビニール袋がツルツル滑って扱いにくく、自然にふくらんだり、いびつな形になって、重ねたときに崩れやすいのが難点です。そこで、わが家ではこの布製収納ケースを活用。ここに入れると布団の形が四角くなり、収めやすくなります（圧縮袋に入れてから、ここに入れるのもいいアイディアです）。入れるモノによってサイズの選択も可能。見栄えがよく、タテ置きもできるので収納場所に合わせたレイアウトも自在です。

➤ SKUBB（スクッブ）収納ケース／IKEA

シャンとした生活。
―小さな気づきが大きな差になる―

70代の父は、未だに背筋がシャンとしています。
秘訣を訊くと、
「簡単だよ。いつも背筋を伸ばすように
気をつけているんだ」と。
そんな小さな気づきが
大きな差になってくるんです。
片づけもそう。
大きく散らかる前にこまめにリセット。
出かける前や夜寝る前に、ササッと。
収納の中にモノがあふれてきたら、
すぐ減らしてまた適正量に戻す。
大ごとにならないうちに
小さく小さく暮らしを軌道修正。
そして、一生シャンとした生活を。

父の後ろ姿のシャン、を見て思わずパチリ

おわりに

この本を最後まで読んでくださり、本当にありがとうございました。

片づけで一番大切なことは収納術でも便利な道具でもなくて、「モノを通して自分と向き合っていく」という工程です。

この本を手に取ってくださった方が、自分と向き合う時間を経て考えや価値観に変化が生まれ、毎日がご機嫌な暮らしになるよう願っております。

この本の中に1つでも片づけのヒントとなるような言葉が見つかれば幸いです。

さて、「はじめに」でご紹介したお客様。

その後も整理収納レッスンで訪問するたびに、みるみる変化を遂げられました。

2回目の訪問では口紅をつけてお迎えくださり、3回目の訪問では素敵なネイルを。

そして4回目の訪問ではパートに行けるくらい元気になったと報告していただきました。
最初にお会いした時の、疲れきった姿とはまるで別人。
片づけってなんて大きな力を持っているのだろう。これを多くの方に伝えたい！　と決心させてくれた出来事でした。

最後になりましたが、「片づけを応援したい！」という私の気持ちを書籍という企画にまとめてくださったスタッフの皆様、今までご縁をいただいた多くのお客様、インスタで応援してくださっているフォロワーの皆様に心からの感謝を申し上げます。
そして、いつも明るい夫と息子たち、愛犬ミルク、本当にありがとう。愛しています。

皆様の未来がいつまでも明るいものでありますように。

Fujinao

Fujinao（フジナオ）

整理収納アドバイザー。自らの経験や仕事でのお客様との出会いから、片づけには人を元気に、幸せにする力があることを実感。2018 年から始めた Instagram では、片づけで、もっと自分を大事に、毎日を楽しく、未来を明るいものに、というメッセージを印象的な言葉で発信し、温かい共感が広がる場となっている。
家族は単身赴任中の夫、小学生の男の子２人、ミニチュアダックスのミルク。北海道在住。@fujinao08140814

片《かた》づけの力《ちから》

私《わたし》たちは、もっと美《うつく》しくなれる、部屋《へや》も、心《こころ》も、人生《じんせい》も。

2021年1月28日　初版発行

著者　Fujinao《フジナオ》

発行者　青柳昌行

発行　株式会社 KADOKAWA
〒102-8177
東京都千代田区富士見2-13-3

電話　0570-002-301（ナビダイヤル）

印刷所　大日本印刷株式会社

●お問い合わせ
KADOKAWAカスタマーサポート
https://www.kadokawa.co.jp/（「お問い合わせ」へお進みください）

※内容によってはお答えできない場合があります。
※サポートは日本国内に限らせていただきます。
※Japanese text only

定価はカバーに表示してあります。

ISBN 978-4-04-896914-7　C0077